AF382929

RÉAGIR EN PÉRIODE DE CRISE

Les principes clés de la gestion de crise en entreprise

Par Véronique Bronckart

50MINUTES.fr

RÉAGIR EN PÉRIODE DE CRISE

- **Problématique ?** Quels moyens matériels et humains mettre en place afin de réagir rapidement face à une crise et de la résoudre efficacement ?
- **Utilité ?** Atténuer les effets néfastes immédiats, redresser la situation et en tirer les enseignements nécessaires pour prévenir la prochaine crise.
- **Contexte professionnel ?** Gestion et anticipation de crise, résolution des conflits, management, RH.
- **FAQ ?**
  - Qu'entend-on par situation de crise ?
  - Qui est susceptible de faire face à une situation de crise ?
  - Qui doit donner l'alerte ?
  - Comment résoudre une situation de crise ?
  - Comment doit-on communiquer lors d'une crise ?

- Ai-je une chance d'en sortir si je n'ai pas prévu de plan de gestion de crise ?
- Quelles conséquences psychologiques une mauvaise gestion de crise peut-elle entraîner ?
- Quelles sont les erreurs à ne pas commettre pour minimiser les dégâts ?

Qu'il s'agisse d'une multinationale ou d'une entreprise locale, d'un secteur de production ou de service, chaque entreprise peut, à tout moment, être confrontée à une situation de crise. Survenant parfois à l'improviste, cette conjoncture nuit à la réputation de la société et entrave son bon fonctionnement voire, dans le pire des cas, la pousse à la faillite. Savoir la gérer correctement est donc primordial afin de restaurer un climat de confiance et de sécurité vis-à-vis des employés, des dirigeants, des fournisseurs et des clients et de relancer l'activité.

Que la crise soit d'ordre économique, social ou environnemental, issue d'un facteur externe ou interne à l'entreprise, la résoudre nécessite de nombreuses compétences en management afin de gérer le stress, de réagir rapidement et intelligemment, de communiquer de façon adéquate et, finalement, d'en tirer les conclusions pour éviter que cela ne se reproduise. La gestion de crise est désormais devenue un outil stratégique indispensable au sein des entreprises.

En parcourant cet ouvrage, vous découvrirez les différentes étapes d'un processus efficace de gestion d'une situation à risques, vous apprendrez à tirer profit de ce genre de situation et à mieux identifier les facteurs à risques. Nous analyserons également l'importance d'une communication interne et externe adaptée à la situation, les relations avec la presse et l'impact des réseaux sociaux. Ne laissez plus votre entreprise être menacée en devenant un véritable maître en gestion de crise.

B.A.-BA D'UNE CRISE PARFAITEMENT MAÎTRISÉE

APPRÉHENDER UNE SITUATION DE CRISE

Qu'est-ce qu'une situation de crise ?

Il s'agit d'une situation mettant en péril les objectifs ou la survie d'une entreprise et nécessitant une prise de décision dans un délai relativement court. Elle est définie comme étant « de crise » en fonction de son degré de gravité et de son impact sur la société. Ainsi, des circonstances délicates, mais ayant peu de répercussions sur la société ou sur son entourage ne seront pas considérées comme une situation de crise. Celle-ci peut être prévisible ou non. En effet, en analysant le contexte interne de l'entreprise, on peut parfois identifier les différents facteurs à risques et donc anticiper les éventuels problèmes. Toutefois, les facteurs externes sont généralement imprévisibles.

La situation de crise peut être issue de plusieurs contextes qui interagissent entre eux tels que l'économie, la politique, l'institutionnel, les relations humaines, l'éthique, la technique, la justice et les médias. Ses origines sont donc très variées et peuvent être d'ordre naturel, technologique, environnemental ou humain. Comme nous le montre le schéma ci-dessous, ces différents facteurs sont liés entre eux et influencent l'entreprise, l'inverse étant également vrai. Ainsi, un événement impactant l'un des contextes pourra se répercuter directement sur la société ou sur un autre facteur qui touchera ensuite un autre domaine et ainsi de suite, tel un jeu de cartes s'effondrant.

Les potentielles origines de la crise

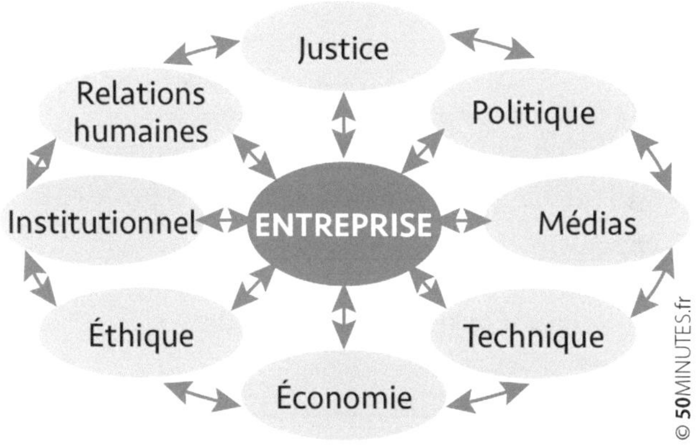

Au quotidien, une entreprise fait face à de nombreux problèmes. La plupart du temps ces derniers sont rapidement résolus, mais il arrive qu'ils s'amplifient. Lorsque les facteurs à risques sont identifiés et qu'une politique de gestion des risques est mise en place en amont, il s'agit d'une « situation de crise potentielle ». Dans le cas où l'on constate une accumulation de ces éléments sans aucune prise en main de la situation, nous parlons alors de « situation de crise déclarée ». Une telle conjoncture suit généralement certaines étapes et se déroule ainsi :

Processus de la gestion de crise

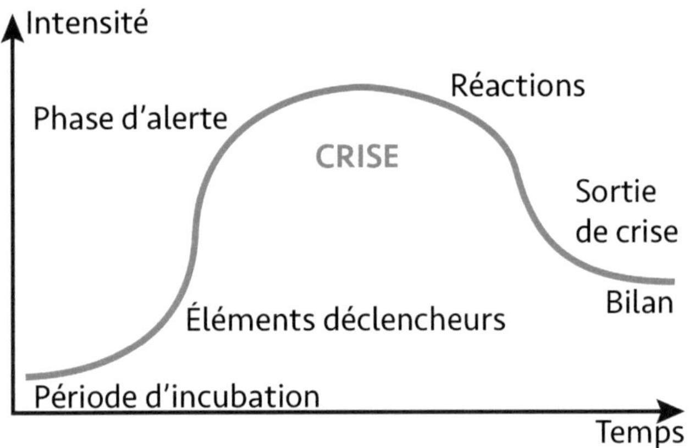

Les facteurs à risques

Une situation de crise est le résultat de l'accumulation de facteurs à risques. Ces derniers peuvent être issus de l'environnement externe ou interne de l'entreprise, chacun influençant les autres. Apprenez à les identifier pour mieux anticiper leurs conséquences.

Les facteurs à risque

Facteurs d'origine externe	Facteurs d'origine interne
• Concurrence agressive. • Nouvelle législation impliquant une réorganisation fonctionnelle. • Délocalisation ou fusion de sites. • Communication visant à détruire l'image de la boîte (scandale, mauvaise publicité). • Agressions du personnel par un client ou par un fournisseur. • Annulations consécutives des commandes. • Arrêt de travail d'un des principaux fournisseurs (grève ou faillite).	• Erreurs de décision irrévocables. • Règlement interne trop rigide ou peu précis. • Absence de communication, rumeurs. • Incapacité d'anticipation des dirigeants. • Restructuration et réorganisation du travail. • Suppression d'un service. • Déficience technique et pannes. • Erreurs humaines. • Sous-effectif, surmenage. • Conflits.

Quel impact sur l'entreprise ?

Que la crise soit issue d'une erreur de décision, d'un malaise social ou d'un événement externe imprévisible, elle engendre toujours une rupture des repères et brise l'équilibre général. Dans le cas d'une crise non maîtrisée, celle-ci peut entraîner un effet direct sur les acteurs de l'entreprise. En effet, ces derniers, peu ou mal informés, peuvent se sentir en insécurité, créer des rumeurs ou se sentir écartés de la situation, ce qui engendrera une démotivation provoquant une baisse de la rentabilité et nuira donc à l'économie de l'entreprise. Dès lors, communiquer avec chaque salarié est primordial en de telles circonstances, afin de les rassurer, de les soutenir et de les impliquer dans le processus de résolution. Selon le type de crise auquel fait face la société, les dégâts peuvent également toucher le matériel ou les locaux (et causer un ralentissement ou un arrêt de la production), altérer l'image de l'entreprise ou, dans le pire des cas, conduire au licenciement du personnel et à la faillite.

PRÉVENIR LA CRISE

Prévenir la crise, c'est être capable de répondre et de réagir face à des situations inédites et de parfois laisser de côté un certain nombre de croyances et de méthodes auxquelles on s'était habitués pour s'adapter à la nouveauté. Cela requiert une excellente préparation. Dès lors, afin de répondre à pareille conjoncture de façon optimale, il est nécessaire de suivre un processus de gestion de crise. Celui-ci aura pour objectif d'identifier les facteurs à risques, notamment via un audit, et de mettre en place des actions concrètes en vue de réduire au maximum les potentielles répercussions sur l'entreprise.

Identifier les objectifs de l'entreprise et déterminer les risques

La première étape importante passe par l'identification des objectifs de l'entreprise. Une fois, ces derniers définis, il sera alors possible de déceler les facteurs pouvant être un obstacle à leur réalisation et ceux non dangereux. Les actions de prévention devront être menées sur les éléments à risque uniquement.

Pour identifier les dangers potentiels, il s'agit d'analyser les zones de fragilité de l'entreprise. Cette démarche peut être effectuée en partie en interne grâce à la mise en place d'une cellule de veille ou d'une cellule de gestion de crise. Cependant, pour compléter l'étude de celle-ci, il est possible de faire réaliser un audit de la société par un professionnel externe qui aura un regard plus global et plus objectif. L'examen devra prendre en compte tous les paramètres inhérents au contexte interne et externe de l'entreprise, évaluer les forces et les faiblesses de cette dernière et classer les risques en fonction de leur degré de gravité et de leur probabilité. Ce diagnostic servira de fil conducteur pour planifier les actions de prévention.

La cartographie des risques de crise

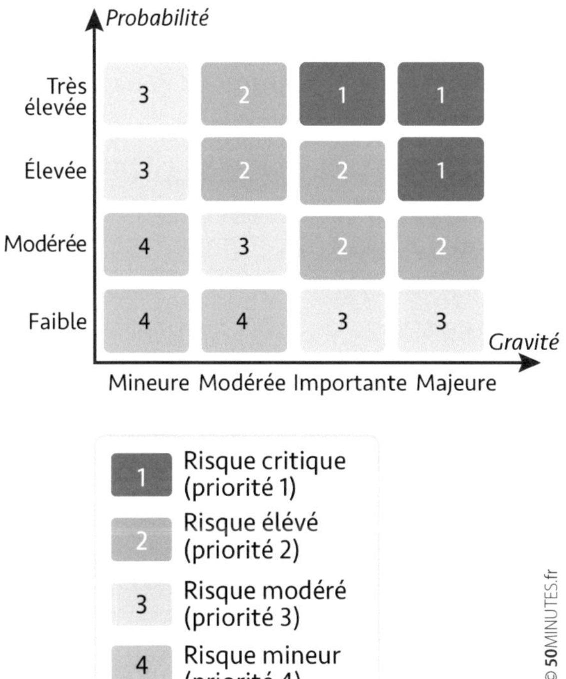

Le plan de gestion de crise

Une fois les risques identifiés, il convient de mettre en place un plan de gestion de crise rassemblant l'ensemble des méthodes et des outils adaptés à l'urgence de la situation. Il s'agit notamment :

- d'instaurer des procédures simples d'alerte (qui la déclenche ? Comment ?) et de gestion de victimes ;
- de développer un <u>plan de communication</u> efficace et précis ;
- d'élaborer un <u>plan de continuité des activités</u> ;
- de définir les acteurs et les fonctions de <u>la cellule de crise</u> ;
- de former les porte-parole de l'entreprise à la gestion des médias ;
- de préparer le personnel grâce à des exercices de simulation.

Ces informations peuvent être rassemblées dans un document écrit (le plan de gestion de crise), réduit à l'essentiel pour rester le plus efficace possible. Ce plan doit régulièrement être mis à jour afin d'être opérationnel au moment venu et doit traiter tous les types de crises potentielles (juridiques, financières, etc.). Durant cette phase de prévention, il est nécessaire d'envisager également des actions permettant de limiter l'impact et les dégâts collatéraux dans le cas où une crise se produit. Elles concerneront entre autres :

- la préservation de l'image de l'entreprise en communiquant auprès des fournisseurs/ clients sur ses valeurs et les moyens mis en œuvre pour les respecter ;
- la diminution de l'impact des médias sur votre personnel en donnant à ce dernier les informations relatives à la situation afin d'éviter tout risque de mauvaises interprétations ;
- et l'aide aux familles concernées grâce à un soutien psychologique.

Le plan de communication

Même s'il ne constitue qu'un composant d'un plan plus global, le plan de communication de crise (PCC) est indispensable et à ne surtout pas négliger. Pour l'élaborer de façon efficace, quelques étapes sont à respecter :

- identifier les différentes cibles (médias, public, salariés de la structure, autorités, clients) ;
- définir les objectifs de communication et les supports adaptés pour chaque cible ;
- détailler le contenu de chaque action (thèmes abordés, messages clés, émetteur, fréquence, etc.) ;

- établir des moyens permettant de suivre les résultats de ces actions.

Le plan de continuité des activités

Le plan de continuité des activités (PCA) englobe l'ensemble des processus et des opérations permettant de poursuivre l'activité de l'entreprise durant la crise et donc de garantir une certaine sécurité financière. Il comprend deux volets (suivant les entreprises et les types d'incidents) :

- **le Plan de Continuité Informatique (PCI)** qui inclut les éléments liés au bon fonctionnement du système informatique ;
- **le Plan de Continuité Opérationnelle (PCO)** qui se concentre sur les modes opératoires et les exigences métiers (c'est-à-dire les termes du métier, ce qui doit être réalisé pour produire de la valeur).

En assurant vos services ou vos livraisons auprès de vos clients, vous gagnerez leur confiance et vous leur prouverez votre fiabilité. De plus, les employés seront motivés et rassurés de constater que l'entreprise a mis tout en œuvre pour rester active. Le PCA doit être développé en fonction de la situation :

- dans le cas d'une crise liée à l'arrêt des fournitures, il envisagera une alternative en utilisant une autre matière première ou en sollicitant un nouveau fournisseur afin de continuer la production ;
- dans le cas d'une crise liée à l'environnement (inondation, incendie), il prévoira du matériel supplémentaire opérationnel durant les réparations.

La PDAM et la DMIA

Le PCA introduit également les notions de perte de données maximale admissible (PDAM) et de durée maximale d'indisponibilité admissible (DMIA). La première correspond à la durée entre l'incident et la dernière sauvegarde des données et définit ainsi la quantité d'informations qu'il est possible de perdre. La seconde correspond au délai nécessaire à la bonne reprise des services des métiers. Il est nécessaire de définir ces deux critères pour mettre en place un PCA efficace.

En préparant ces différents plans d'anticipation, vous vous assurez de minimiser les erreurs de décisions prises sous pression et de gagner un temps précieux lorsque la crise surviendra.

La cellule de crise

Les résolutions de crise dépendent de la situation, de l'origine et du niveau de gravité. Cependant, une constance reste : la capacité à mobiliser des acteurs clés qui aideront à trouver des solutions. C'est à cela que sert la cellule de crise. Celle-ci doit être composée d'un nombre restreint de membres dont :

- un gestionnaire de crise (le responsable en général) ;
- un coordinateur chargé de faire la liaison entre la cellule et le reste de l'entreprise ;
- un chargé de communication ;
- un psychologue (en fonction de la gravité de la crise) ;
- des spécialistes relatifs à la problématique (juriste, expert environnemental, scientifique, responsable de sécurité des systèmes informatiques, etc.).

Cette équipe doit être disponible à tout moment et opérationnelle rapidement. Dès lors, elle doit être formée et entraînée à toute sorte de situations.

RÉSOUDRE LA CRISE

Une réactivité immédiate

Lorsqu'une crise survient, il convient de réagir sur-le-champ en diagnostiquant avec justesse la situation afin d'en percevoir la gravité et de prendre une décision cohérente, pertinente et rapide sans se laisser envahir par le stress. C'est le rôle de la cellule de crise qui se réunit alors au plus tôt et assure une coordination avec les intervenants externes (experts, juristes) afin d'organiser et de rassembler leurs efforts de façon optimale tout en veillant à la cohérence des interventions. Les actions entreprises pour parer la conjoncture ne seront efficaces que si elles sont immédiates. En effet, une réelle course contre la montre est engagée. Selon le degré de gravité et afin de limiter les dégâts, la cellule de crise proposera également un soutien psycho-logique pour les personnes perturbées par la situation, qu'il s'agisse de membres du personnel ou de ses acteurs.

L'importance de la communication

L'un des aspects capitaux d'une bonne gestion de crise est la communication. En effet, il est très important d'adopter une communication claire en interne afin de limiter le temps de réaction et de rassurer les salariés. La communication en externe est également fondamentale via les médias et les réseaux sociaux pour informer la population et pour préserver l'image de l'entreprise.

- **La communication interne :** les employés sont souvent les premières victimes d'une situation de crise. Il est donc primordial d'opter pour une stratégie de communication interne transparente pour les prévenir des risques encourus et éviter que ceux-ci n'apprennent plus tard la mauvaise nouvelle au journal télévisé ou par des bruits de couloir. Les informer clairement au préalable renforcera leur sentiment d'appartenance à la société et préservera leur confiance, ce qui pourra vous aider au moment critique. La communication en interne se révèle également importante pour faciliter et accélérer la mise en œuvre des actions décidées par la cellule de crise. Cette dernière échangera avec le reste de l'entreprise grâce à des outils fiables comme le téléphone (fixe ou portable), les e-mails, le plan de gestion de crise et le fichier de contacts permettant de joindre toute personne utile ou concernée par l'incident. Certaines cellules s'équipent également d'une plateforme web interne. Il s'agit d'un espace réservé à ce genre de situation qui facilite la communication au sein même du groupe et qui met à disposition un tableau de suivi de l'événement pour prendre connaissance en temps réel de son évolution, des décisions et des actions engagées avec leur état d'avancement et les signaux d'alerte en cas de dépassement des délais fixés. Informez également vos collaborateurs dès qu'une première réussite se confirme afin de les remotiver et de les rassurer sur le succès encore possible de l'entreprise.

- **La communication externe :** elle est primordiale pour informer le monde extérieur sur la situation de l'entreprise (les clients, les fournisseurs, les partenaires, la population et les associations) et pour préserver l'image de celle-ci. Ne négligez donc pas vos relations avec les médias, car ce sont eux qui relayeront l'information vers le public. Dès lors, assurez-vous de transmettre des données justes, mais également à votre avantage, afin de ne pas enfoncer votre société davantage. Le recours aux médias sociaux offre la possibilité de communiquer régulièrement de manière quasi instantanée sur les faits ; vous pouvez ainsi éviter les ragots et les fausses informations tout en rassurant le public et les clients. La communication externe de crise via les réseaux sociaux permet également de veiller à l'image numérique de l'entreprise, que l'on appelle l'e-réputation. Ce système de veille vous permettra par ailleurs de rester au courant des nouvelles qui circulent sur votre société et vous donnera l'occasion de rectifier le tir si nécessaire.

Une communication de crise efficace : l'exemple de Findus

En février 2013, suite à des contrôles, la marque Findus reconnaît que ses lasagnes au bœuf ont en réalité été produites avec de la viande de cheval. Elle réagit immédiatement grâce à un plan de communication de crise efficace basé sur trois points :

- la marque révèle le scandale et montre qu'elle prend cette crise ainsi que le bien-être de ses clients très au sérieux en retirant de la vente tous les produits sur le marché ;
- elle garde une transparence complète à travers les médias et s'engage à réaliser des tests ADN sur tous ses produits contenant du bœuf ;
- elle se range du côté des consommateurs et se place, au même titre qu'eux, au rang

de victime en renvoyant toute la responsabilité sur ses fournisseurs.

Les bonnes attitudes de communication en temps de crise

Les erreurs courantes à éviter	Les attitudes positives
• Se déresponsabiliser et accuser les autres. • Jouer toutes ses cartes d'un coup. • Mentir. • Garder le silence au risque d'alimenter l'imagination des médias. • Se contredire. • Parler pour ne rien dire. • Avancer une information non vérifiée.	• Reconnaître et accepter la crise. • Faire preuve d'empathie envers les victimes. • Être transparent en gardant certaines limites. • Parler de l'avenir et des dispositions prises pour résoudre la crise. • Relativiser et positiver.

SORTIR DE LA CRISE

Une fois l'entreprise sortie de la crise, si le pire est passé, tout n'est pourtant pas encore terminé. Cette étape est déterminante pour la suite et sert notamment à rétablir la confiance du personnel, des clients, des fournisseurs, des autorités et des médias, mais également à tirer les enseignements qui vous aideront à éviter que le même schéma se répète à l'avenir.

Comme pour chaque événement impactant l'entreprise, il est opportun de réaliser un bilan en débriefant directement avec les personnes concernées et en identifiant les points d'amélioration. Il convient notamment de réaliser un audit après la crise, basé sur l'audit initial, afin de définir les facteurs à risques toujours existants et d'adapter le processus de gestion de crise pour réduire davantage la probabilité qu'une telle situation se reproduise et l'impact éventuel sur la société. Sur base de ce nouvel audit, la cellule de gestion de crise adaptera les actions de prévention du nouveau processus de gestion de crise.

Finalement, l'entreprise doit utiliser cette expérience pour rebondir et se renforcer. Apprendre de ses erreurs permet de grandir et de s'améliorer. Afin de relancer votre activité et de stimuler vos collaborateurs, définissez un nouvel objectif et un plan de bataille pour y parvenir.

<u>LES QUALITÉS D'UN BON GESTIONNAIRE DE CRISE</u>

- Être optimiste. Si la crise est bien gérée, de bonnes choses pourraient en ressortir.
- Être conscient de la situation et ne pas tenter de faire l'autruche : vous cacher n'améliorera pas les événements. Faites-y face.
- Anticiper l'improbable et les effets de chaînes.
- Prendre du recul.
- Faire preuve de bon sens et de discernement.
- Agir avec calme. Si, en tant que manager, vous commencez à paniquer, vos salariés feront de même. Gardez votre sang-froid.

TOP CONSEILS

- **Prospectez de nouveaux fournisseurs.** Ne soyez pas dépendant d'un seul, au risque d'être entraîné avec lui s'il chute. Prévoyez une sortie de secours en contactant deux ou trois fournisseurs différents. Ne négligez pas non plus la recherche de nouveaux partenaires qui pourraient se révéler de grands alliés au moment opportun.
- **Faites preuve de transparence dans votre communication externe et interne.** Cela évitera toute déformation de l'information. De plus, il est impératif que la cellule de gestion de crise valide toute décision avant que celle-ci ne soit communiquée à l'ensemble des salariés ou aux médias. Enfin, il est important de s'exprimer non seulement de façon claire pour que le public et les employés vous comprennent (évitez les termes spécifiques), mais aussi de manière honnête, empathique et modeste.
- **Soignez votre relationnel et votre publicité.** Votre crédibilité et votre sortie de crise en dépendent. Véhiculer une image de marque

forte et confiante durant la résolution de la crise vous permettra de conserver une grande partie de vos clients. Au contraire, si vous la délaissez, ces derniers risquent de fuir chez le premier concurrent venu.

- **Fédérez l'ensemble du personnel autour d'un projet de sortie de crise.** Les périodes difficiles, tout comme celles qui sont florissantes, sont propices au resserrement des liens au sein de l'entreprise. En favorisant l'implication et la solidarité des employés, vous augmentez vos chances de renverser la situation.

- **Ne succombez pas au stress et à la panique.** Afin de faire face à une situation de crise de façon optimale, il est impératif d'être capable de gérer son stress. Sans cela, vous risquez de sombrer dans la panique, de commettre des erreurs et de prendre des décisions hâtives, peu cohérentes pour finalement échouer dans votre mission de résolution de la situation. Anticiper la crise vous enlèvera un premier poids sur vos épaules. Ensuite, pour éviter de céder au stress, entourez-vous de personnes compétences en la matière. Relativisez également la situation et travaillez votre respiration lorsque vous sentez angoissé. N'hésitez pas à suivre une formation en gestion du stress, à consulter un coach qui peut vous préparer à genre de situation et à pratiquer des activités de relaxation telles que le yoga ou la sophrologie. Les membres de la cellule de gestion de crise doivent également être préparés psychologiquement, car ce sont eux qui se trouvent aux premières lignes et qui sont donc soumis au plus grand stress.

- **Demandez-vous en quoi cette expérience peut profiter à l'entreprise.** L'économiste français Jean Monnet (1888-1979) déclarait : « Les hommes n'acceptent le changement que dans la nécessité et ils ne voient la nécessité que dans la crise. » La situation de crise pourrait être l'occasion de repenser l'organisation de l'entreprise et d'innover.

- **Apprenez de vos erreurs.** Après la crise, il est temps de faire le bilan et d'analyser la manière dont celle-ci a été gérée. Évaluez les dégâts, identifiez les facteurs à risques toujours existants et tentez d'y remédier. Il est vivement conseillé d'établir un nouveau diagnostic en comparaison avec l'ancien afin d'adapter les actions de prévention.

- **Prévoyez encore et encore.** Si vous ne deviez garder en tête qu'un seul conseil, ce serait celui-ci ! En fonction des risques potentiels, élaborez des actions en vue d'y faire face. Pour les facteurs humains par exemple, gardez dans votre carnet d'adresse des personnes possédant les mêmes compétences que vos employés et qui pourraient les remplacer en cas d'absence. Pour les risques techniques, anticipez les éventuels besoins de formation de votre équipe.

FAQ

QU'ENTEND-ON PAR SITUATION DE CRISE ?

Une situation de crise se déclenche lorsqu'un événement risque de nuire à l'atteinte des objectifs de l'entreprise, à son image ou de mettre en péril son fonctionnement et sa survie. Durant cette période, les points de repère sont brouillés, ce qui engendre un climat de confusion. Une telle conjoncture peut être, par exemple, la fuite d'un produit toxique, l'arrêt de fourniture des matières premières, la grève du personnel ou encore la dégradation de l'image de marque de la société par une critique médiatique.

QUI EST SUSCEPTIBLE DE FAIRE FACE À UNE SITUATION DE CRISE ?

Toute entreprise ou tout commerce peut se retrouver dans cette position. La crise n'est pas essentiellement due à un événement grave lié à une situation économique ou environnementale. En effet, de multiples facteurs internes ou externes peuvent en être la cause. Ainsi, pour un petit commerçant de proximité, un client mécontent postant une critique agressive sur les réseaux sociaux peut déclencher une situation de crise.

QUI DOIT DONNER L'ALERTE ?

Idéalement, tout salarié de l'entreprise constatant un potentiel problème pouvant engendrer une crise importante se doit de prévenir son supérieur direct qui se chargera de faire remonter l'alerte. Selon ce qui a été défini dans la cellule de crise, le responsable du groupe ou le chargé de communication donnera l'alerte de façon plus globale, à l'ensemble du personnel et aux médias.

COMMENT RÉSOUDRE UNE SITUATION DE CRISE ?

La meilleure façon de gérer une situation de crise est d'y être préparé. Pour cela, vous devez y travailler en amont, notamment en réalisant un diagnostic de l'entreprise pour identifier les facteurs à risques internes et externes. Cela permettra de mettre en place des actions de prévention grâce à la création d'une cellule de gestion de crise et l'élaboration des différents plans d'action. Soyez patient et ne cédez pas à la panique, une crise se résout rarement en quelques jours. Restez optimiste et accrochez-vous, vous verrez bientôt le bout du tunnel.

COMMENT DOIT-ON COMMUNIQUER LORS D'UNE CRISE ?

Il convient d'adopter une communication compréhensible par tous et d'éviter au maximum les termes spécifiques qui risquent d'engendrer des incompréhensions ou de mauvaises interprétations. Elle devra se réaliser le plus rapidement possible dès la détection de la situation de crise. Dans le cas d'une crise potentielle, il est vivement conseillé de prévenir le personnel avant qu'elle ne soit réellement déclarée pour parer les rumeurs et les bruits de couloirs qui ne feront qu'aggraver la situation. Pour que cette communication soit optimale, elle devra être régulière et adaptée en fonction de l'évolution des événements. Les messages seront diffusés via les médias, les réseaux sociaux et également lors de rencontres avec le personnel et avec les associations de défenses concernés (consommateurs, riverains, écologistes, etc.).

AI-JE UNE CHANCE D'EN SORTIR SI JE N'AI PAS PRÉVU DE PLAN DE GESTION DE CRISE ?

Un plan de gestion de crise est un outil indéniable pour une bonne maîtrise de la situation. Si vous n'avez pas établi ce programme au préalable, vous devrez être doté des compétences nécessaires pour faire face à la situation dans l'urgence, posséder des listes de contacts à portée de main, avoir le réflexe rapide de rassembler les experts qui devront intervenir et prendre des décisions efficaces rapidement. Lorsque l'on se retrouve dans une situation de crise, généralement déstabilisante et chargée de stress, il est difficile de rester objectif et de maîtriser les événements dans des conditions optimales. C'est pourquoi le plan de gestion de crise est vivement recommandé. Toutefois, si vous l'avez négligé, ne pensez pas votre entreprise condamnée pour autant ; cette dernière ainsi que les employés possèdent sans aucun doute les ressources pour rebondir.

QUELLES CONSÉQUENCES PSYCHOLOGIQUES UNE MAUVAISE GESTION DE CRISE PEUT-ELLE ENTRAÎNER ?

Dans le cas d'une mauvaise de gestion de crise, on peut constater des conséquences psychologiques chez les acteurs de la cellule de crise et chez le personnel de l'entreprise. Ces conséquences peuvent être de niveau de gravité différent : démotivation, perte de concentration, irritabilité, dépression ou encore burn out. Dès lors, il est important de les considérer avec sérieux et de proposer un encadrement psychologique par des spécialistes.

QUELLES SONT LES ERREURS À NE PAS COMMETTRE POUR MINIMISER LES DÉGÂTS ?

Afin de limiter les dégâts, il faut impérativement éviter de cacher la réalité des faits au personnel de l'entreprise afin d'éviter toute rumeur pouvant aggraver la situation. Se voiler la face et rester dans le déni n'arrangera pas les choses non plus. De plus, ne pas prendre en considération les répercussions sur la santé mentale du personnel et sur l'économie de l'entreprise serait une erreur ayant un impact conséquent

À VOUS DE JOUER !

Ce carnet de bord vous accompagnera durant les différentes étapes de la crise.

Carnet de bord de la gestion de crise

Audit- Diagnostic	Qui réalise l'audit ? Quand ? Avec quelle méthode ? Quels contextes sont pris en compte (facteurs internes ou externes) ? Timing pour la réalisation du diagnostic ?
Facteurs à risques internes (agir de même pour les facteurs à risques externes)	Quels sont les types de facteurs identifiés (techniques, humains, autres) ? Quels est leur degré de probabilité et de gravité ? Comment les contrer ? Quelles actions et réactions mettre en place en cas de crise liée à chaque facteur ?
Création d'une cellule de gestion de crise	Qui la compose ? Quel est le rôle de chacun ? Quel est son mode de fonctionnement ? Quel processus est mis en place concernant l'alerte et la gestion de crise ? Quels modes de communication sont établis au sein de la cellule ? Se réunit-elle régulièrement ou uniquement en cas de crise ?

Élaboration d'un plan de gestion de crise	Quel plan de communication est élaboré ? (Qui fait quoi ? Comment ?) Les fichiers de contacts sont-ils créés ? Le plan de continuation des activités est-il rédigé ?
Actions de prévention	Quelles actions sont définies ? Dans quel timing ? Des formations, une préparation psychologique et des exercices de simulation sont-ils envisagés ?
Gestion de crise	Qui donne l'alerte ? Quel délai dans le temps de réaction et la prise de décision ? Quel est le timing prévu pour les interventions ? Quels sont les moyens de communication envisagés ? Quel soutien est envisagé pour les personnes concernées ? Quel est le résultat souhaité ?

Feed-back	Les décisions prises ont-elles été efficaces ?
Nouvel audit	Une fois réalisé, comparez-le avec l'ancien.
Nouveau plan d'action de prévention et de gestion de crise	Qu'en est-il par rapport aux modes de fonctionnement initiaux ? Est-on prêt à réagir à une nouvelle crise ?

Votre avis nous intéresse !
Laissez un commentaire sur le site de votre
librairie en ligne et partagez vos coups de cœur sur
les réseaux sociaux !

POUR ALLER PLUS LOIN

SOURCES BIBLIOGRAPHIQUES

- GORIUS (Aurore), « Réussir sa com' de crise : 5 exemples à la loupe », in *Journal du net*, juillet 2013, consulté le 3 novembre 2011. http://www.journaldunet.com/management/direction-generale/communication-de-crise/

- LOURY (Catherine), *Management des situations de crise. De la stagnation à la croissance*, Paris, FMK Consulting, 1999.

- MAISONNEUVE (Danielle), SAOUTER (Catherine) et CHAR (Antoine), *Communication en temps de crise*, Québec, Presses de l'Université du Québec, 2001.

- PARDINI (Gérard), *La gestion de crise*, Paris, INHESJ, 2010.

- « Réagir à la crise : les principes clés », in *Gestion de crise*, consulté le 8 octobre 2015.

- http://www.gestiondecrise.com/reagir-a-la-crise-les-principes-cles/

SOURCES COMPLÉMENTAIRES

- COMBALBERT (Laurent) et DELBECQUE (Éric), *La gestion de crise*, Paris, PUF, 2012.

- COMBALBERT (Laurent), *Le management des situations de crise. Anticiper les risques et gérer les crises*, Nogent-le-Rotrou, ESF éditeur, 2012.

- DARSA (Jean-David), *La gestion de crise en entreprise*, Le Mans, Gereso, 2013.

- HEIDERICH (Didier), *Plan de gestion de crise*, Paris, Dunod, 2010.

- LIBAERT (Thierry), *La communication de crise*, Paris, Dunod, 2015.

www.50minutes.fr

ISBN ebook : 978-2-8062-6528-9
ISBN papier : 978-2-8062-6528-9
Dépôt légal : D/2015/12603/249
Photo de couverture : © olly – Fotolia.com

Conception numérique : Primento,
le partenaire numérique des éditeurs